Funded by
MISSION COLLEGE
Carl D. Perkins Vocational and Technical Education Act Grant

MONIEK VANDEN BERGHE

MONIEK VANDEN BERGHE

photography: Kurt Dekeyzer

stichting kunstboek

Preface

My most abiding childhood memory is the sheer joy I experienced at seeing the willow trees springing into life along the fields and the daisies in the grass. I have no creative background or family history, probably just a refined sense of beauty, a gift which I have always cherished and for which I am very grateful. As an only child, I would draw, paint and do arts and crafts all day long. Creativity has always made life more bearable.

My interest in flowers and plants was generated 25 years ago when I enjoyed gardening, painting, drawing and modelling. The change of seasons used to both fascinate and delight me. I would also find peace and quiet in the garden. I discovered that there were more possibilities with plant material than I had ever imagined. Gradually, I felt that this was much more of a vehicle for me than painting or modelling.

I still sketch and draw. I also continued modelling, but this time using plant material: I brought nature inside, with flowers as my colour palette, stalks as lines, leaves as planes and fruits as 3-D shapes.

I started to experience everything much more intensely: the feeling for textures, the colour variations, the flowering stages, the movement of grasses and leaves in the wind, even the sounds of plant life. A terribly exciting and enriching world opened up for me, and this is still the same today. I am still fascinated by nature and its unbelievable force and drive for survival. The journey of one tiny dandelion seed sums this up neatly. I am often taken aback by the beauty of a flower or the growing force of a plant. It brings me peace and joy.

It is precisely these moments that I would like to capture in this book, hoping that they will instil the same quiet sense of joy in the readers.

Maybe my style can be described as 'discrete flower arranging' or 'plant creations'. Above all, my work aims to touch the attentive reader with the exquisite beauty of flowers or other plant material. The longer I am involved in this, the more I want to get to the essence, the pure line of a twig, the pattern of lines in a leaf, the transparency of a flower, the freakishness of the odd weed roots.

One of the most important experiences is collecting, and searching for, materials with a view to bringing them together. Twigs, leaves and flowers fit together like pieces of a jigsaw puzzle, which, in turn, accentuates the beauty of the materials used.

It is not so much about using many different materials as it is about combining them and positioning them in the right way. Needless to say, I go through phases where I use one or other plant material more than I do others. For example, one year I may experiment endlessly with the leaf and stalk of the white poplar, while other years, I may be guided by the beauty of vanda orchids, thick summery bunches of tufted vetch or an attractive rose variety.

I have to say I do have a soft spot for the special charms of weeds. Cup-and-saucer vine may grow rank and be every gardener's nightmare, the cheerful, fresh-green vines and pure white flowers always manage to seduce me. This is why tufted vetch, rosebay and dandelion will regularly feature in my work. There is something special about weeds; they are free, add strips and patches of colour to the landscape and grow without man's interference. Maybe we should call them 'wild plants', for this is how they behave.

By lifting them out of their natural surroundings and incorporating them in a composition, I hope to pass on some of that life force and sense of freedom which they carry with them in a powerful, yet, subtle, way.

And this is how we come to the transience of all living materials. Beauty may be transient, but it is precisely this finiteness that implies beauty. I am often touched by the capricious shape of a dried-up leaf or the variation perished shades can offer. I can even encounter endearing beauty in a bunch of tulips that have gone over.

Furthermore, I love combining flowers with non- or half-plant materials, including wood, paper, textiles and wool, even though I am always conscious of using the other material as a stage, pedestal or ideal backdrop to do the flower even more justice.

My heart can also suddenly go out to neglected or left materials or materials that have been doomed to an existence of triviality, and I will try to use these in a composition. I am, without a doubt, also influenced by my special interest in art, design, architecture and fashion.

My constant quest for ideal ways of presentation has also led me to design vase shapes and other flower receptacles. Here too, I am often guided by geometric shapes or variations on the theme, that offer all the space necessary for the flower to thrive. Here too, I try to use new materials that blend in, or contrast, with the flowers.

Being able to share this passion with other people, all over the world, is the best feeling ever. Teaching in our subject is about stimulation and being stimulated. Colleagues meet and grow by experimenting and learning from each other. Flowers and nature create a universal bond. Everyone involved with flowers will experience this in their own intense way and very often where flower souls meet, warm, enriching and joyous contacts and friendships will ensue.

With this book, I hope to make many flower people happy and provide many sensory delights. I have brought nature inside, and maybe seeing the natural materials will bring the viewer back outside to experience the beneficial energy of nature.

Voorwoord

Van mijn kindertijd herinner ik mij vooral nog de vreugde om het opnieuw bloeien van de wilgen langs de akkers en de madeliefjes in het gras. Ik heb geen creatieve achtergrond of familiegeschiedenis, waarschijnlijk heb ik gewoon een verfijnd gevoel voor schoonheid meegekregen. Een gave die ik altijd gekoesterd heb en waarvoor ik zeer dankbaar ben. Als enig kind tekende, schilderde en knutselde ik de hele dag. Creativiteit heeft het leven altijd lichter gemaakt.

25 jaar geleden werd mijn belangstelling voor bloemen en planten gewekt. Ik tuinierde, schilderde, tekende, boetseerde. De evolutie van de seizoenen in de natuur boeide en verblijdde me. In de tuin vond ik ook stilte en rust. Ik ontdekte dat er meer mogelijkheden waren met plantaardig materiaal dan ik ooit vermoed had. Gaandeweg voelde ik dat dit veel meer mijn medium was dan het schilderen of boetseren.

Schetsen en tekenen doe ik nu nog steeds. Ik ging ook verder met vormgeven, maar nu met plantaardig materiaal: ik haalde de natuur naar binnen, gebruikte bloemen als mijn kleurenpalet, stengels als lijnen, bladeren als vlakken en vruchten als ruimtelijke vormen.

En ik ging alles veel intenser beleven: het gevoel voor texturen, de kleurvariaties, de bloeistadia, de bewegingen van grassen en bladeren in de wind, zelfs de geluiden van het plantaardig leven. Een ontzettend boeiende en verrijkende wereld opende zich, en tot vandaag beleef ik het nog altijd zo. Ik ben nog altijd in de ban van de natuur en haar ongelooflijke kracht en overlevingsdrang. Als je alleen al een klein eindje de weg volgt van één enkel minuscuul paardebloemzaadje ben je gefascineerd en verwonderd. Vaak word ik verrast door de schoonheid van een bloem of door de groeikracht van een plant. Daar wordt men stil en blij van.

Net die belevingsmomenten wil ik met dit boek graag delen, om bij de toeschouwer dezelfde stille vreugde wakker te maken.

Misschien kan mijn stijl 'discreet bloemschikken' of 'plantaardig creëren' worden genoemd. Mijn werk heeft vooral de bedoeling de aandachtige kijker te raken met de uitzonderlijke schoonheid van bloemen of een ander plantaardig materiaal. Hoe langer ik hiermee bezig ben, hoe meer ik de essentie wil tonen, de

pure lijn van een tak, het lijnenpatroon in een blad, de transparante helderheid van een bloem, de grilligheid van enkele onkruidwortels.

Eén van de belangrijkste ervaringen is het verzamelen en zoeken van materialen om ze daarna samen te brengen. Takken, bladeren en bloemen als puzzelstukken in mekaar te laten vallen tot een nieuw geheel ontstaat dat de schoonheid van de gebruikte elementen benadrukt.

Het gaat er voor mij niet om heel veel materialen te gebruiken, maar wel om ze, naar mijn gevoel, juist te combineren en te plaatsen. En af en toe ben ik natuurlijk in de ban van één of ander plantaardig materiaal. Het ene jaar experimenteer ik eindeloos met blad en stengel van witte abeel, dan weer laat ik me leiden door de schoonheid van vanda-orchideeën, word ik helemaal gelukkig van dikke zomerse bossen vogelwikke of ik ben gefascineerd door een mooie rozenvariëteit.

Ik kan niet ontkennen dat ik val voor de bijzondere charmes van onkruiden. Klokwinde mag dan een vreselijke woekeraar zijn en een verschrikking voor de tuinier, maar de vrolijke, frisgroene ranken en pure, witte bloemen verleiden mij altijd. Vogelwikke, wilgenroosje en paardenbloem zullen dan ook regelmatig in mijn werk verschijnen. Er is iets bijzonders aan onkruiden; ze zijn vrij, kleuren het landschap in heldere strepen en vlakken en groeien zonder dat de mens er zich mee bemoeid heeft. Misschien kunnen we ze beter 'wilde planten' noemen. Zo gedragen ze zich ook.

Door ze even uit hun natuurlijk kader te lichten en ze in een compositie te verwerken hoop ik de levenskracht en het vrijheidsgevoel die ze in zich dragen krachtig, maar tegelijk teder, over te brengen.

En zo komen we bij de vergankelijkheid van alle levende materialen. Schoonheid mag dan misschien vergankelijk zijn, net die eindigheid draagt ook schoonheid in zich. Vaak word ik getroffen door de grillige vorm van een verdroogd blad, of door de variatie aan vergane tinten. Zelfs een bos uitgebloeide tulpen kan ik aandoenlijk mooi vinden.

Verder hou ik ervan om bloemen te combineren met niet of half plantaardige materialen: hout, papier, textiel, wol enz. Toch wordt de andere materie altijd gebruikt als podium, opstapje of ideale achtergrond om de bloem nog beter tot haar recht te laten komen.

Ook kan ik plots liefde opvatten voor verwaarloosde, achtergebleven of tot waardeloosheid gedoemde materialen en zal ik proberen om net die in een compositie te verwerken. En zonder twijfel word ik ook beïnvloed door mijn bijzondere belangstelling voor kunst, design, architectuur en mode.

Het voortdurend zoeken naar ideale presentatiemogelijkheden voor bloemen bracht me ook tot het ontwerpen van vaasvormen en andere bloemendragers. Ook hier laat ik me vaak leiden door geometrische vormen of variaties erop, die alle ruimte bieden om de bloem comfortabel zichzelf te laten zijn. En ook hier probeer ik nieuwe materialen te gebruiken die harmoniëren of contrasteren met de bloemen.

Deze passie delen met andere mensen, de wereld rond, is nog het mooiste van alles. Lesgeven in ons vak is stimuleren en gestimuleerd worden. Collega's ontmoeten en groeien door te experimenteren en te leren van elkaar. Bloemen en natuur zijn een universeel bindmiddel. Iedereen die met bloemen bezig is beleeft dit op zijn eigen intense manier en daar waar bloemenzielen mekaar ontmoeten, onstaan warme, verrijkende vreugdevolle contacten en vriendschappen.

Ik hoop met dit boek weer talloze bloemenmensen gelukkig te maken en velen zintuiglijk genoegens te bezorgen. Ik bracht de natuur naar binnen, maar misschien brengt het zien van de natuurlijke materialen de toeschouwer weer naar buiten om de heilzame energie van de natuur te ervaren.

Avant-propos

De mon enfance je me souviens surtout encore de la joie de revoir les saules en fleurs le long des champs et les marguerites tapissant l'herbe. Je n'ai aucun bagage créatif ni une histoire familiale créative, sans doute ai-je tout simplement hérité d'un sens raffiné de la beauté. Un don que j'ai toujours choyé et dont je suis reconnaissante. En tant que fille unique je faisais du dessin, de la peinture et je bricolais du matin au soir. La créativité a toujours allégé ma vie.

Il y a 25 ans, mon attention pour les fleurs et les plantes a été éveillée. Je faisais du jardinage, de la peinture, du modelage. La succession des saisons dans la nature me passionnait, me chauffait le cœur. Dans le jardin je retrouvais aussi le silence et la tranquillité. Je découvrais que le matériel végétal offrait davantage de possibilités que je n'avais jamais imaginé. Au fil du temps j'ai compris qu'il s'agissait là d'un média qui me seyait mieux que la peinture ou le modelage.

Je fais toujours des esquisses et du dessin. J'ai aussi poursuivi le modelage, mais à présent avec du matériel végétal : j'ai fait pénétrer la nature à l'intérieur, je me suis servie des fleurs comme ma palette de couleurs, des tiges comme des lignes, des feuilles comme des surfaces et des fruits comme des formes tridimensionnelles. Et je me suis mise à tout vivre de manière plus intense : le sens des textures, les variations de couleurs, les stades de la floraison, les mouvements de l'herbe et des feuilles balayées par le vent, voire même les sons de la vie végétale. Un monde extrêmement passionnant et enrichissant s'est ouvert à moi, et jusqu'à aujourd'hui je vis ce monde comme tel. Je suis toujours sous l'emprise de la nature, de sa force et de son instinct de la vie incroyables. Il suffit de ne suivre qu'un petit bout du trajet d'une seule minuscule semence de pissenlit pour s'en retrouver fasciné et émerveillé. Souvent je me laisse surprendre par la beauté d'une fleur ou la force de croissance d'une plante. On en reste coi et heureux. Ce sont précisément ces expériences que j'aimerais partager avec cet ouvrage, afin d'éveiller chez le spectateur cette même joie sereine.

Certes, on pourrait intituler mon style 'composition florale discrète' ou 'création végétale'. Au travers de mon œuvre j'ai surtout pour objectif de toucher le spectateur attentif avec la beauté exceptionnelle des fleurs et des autres matériaux végétaux. Plus je m'en occupe, plus j'aspire à montrer l'essence, la ligne pure d'une branche, la trame des nervures d'une feuille, les caprices de certaines racines de mauvaises herbes. L'une des principales expériences est la collection et la recherche de matériaux pour ensuite les rassembler. Marier des branches, des feuilles et des fleurs comme des pièces d'un puzzle pour que se crée un nouvel ensemble qui met en exergue la beauté des éléments utilisés.

Peu m'importe d'utiliser beaucoup de matériaux, ce que je recherche c'est de les combiner et de les agencer de la bonne manière, tel que je le ressens. Et de temps à autre je me retrouve bien sûr sous le charme de l'un ou l'autre élément végétal. Telle année j'expérimente à l'infini avec la feuille et la tige du peuplier blanc, telle autre je me laisse séduire par la beauté de l'orchidée vanda ou je suis ravie par les bouquets estivaux de vesce craque ou je suis fascinée par une magnifique variété de roses.

Je ne puis nier que je suis très éprise des charmes particuliers des mauvaises herbes. Si l'ozothamnus peut certes être un affreux parasite et une horreur pour le jardinier, ses joyeuses vrilles d'un vert frais et ses fleures blanches et pures ne cessent de me séduire. La vesce craque, l'osier fleuri et le pissenlit apparaîtront dès lors souvent dans mes travaux. Les mauvaises herbes ont un aspect particulier ; elles sont libres, elles colorent le paysage avec des traits et des surfaces clairs et elles poussent sans la moindre intervention de l'homme. On aurait peut-être mieux fait de les appeler 'plantes sauvages'. Car c'est ainsi qu'elles se comportent.

En les extirpant de leur cadre naturel pour les introduire dans une nouvelle composition, j'ai l'espoir de transmettre la force vitale et la sensation de liberté qu'elles portent en soi de manière percutante, mais en même temps tendre.

Et ainsi nous aboutissons à la volatilité de tous les matériaux vivants. La beauté peut certes être éphémère, cette même finité porte aussi en soi la beauté. Souvent je suis touchée par la forme capricieuse d'une feuille morte ou par la variation de tons déchus. Même un bouquet de tulipes fanées peut m'apparaître d'une beauté attendrissante.

Je me plais en outre à combiner des fleurs avec des matériaux non végétaux ou semi végétaux : le bois, le papier, le textile, la laine, etc. Or cet autre matériau est toujours utilisé comme podium, tremplin ou arrière-fond idéal pour encore mieux faire ressortir la fleur. Je peux aussi me laisser séduire par des matériaux négligés, délaissés ou voués à une valeur nulle et je m'efforce alors de les faire participer à une composition. Et sans doute suis-je aussi influencée par mon intérêt pour l'art, le design, l'architecture et la mode.

La recherche incessante des possibilités de présentation idéales pour les fleurs m'a aussi incitée à créer des formes de vases et d'autres porteurs de fleurs. Ici aussi je me laisse souvent entraîner par des formes géométriques ou des variantes sur ce thème, qui offrent à la fleur tout l'espace nécessaire pour apparaître comme elle est de manière confortable. Et ici aussi je m'évertue à utiliser de nouveaux matériaux qui soient en harmonie ou en contraste avec les fleurs.

Mais ce qui est le plus beau, c'est de partager cette passion avec d'autres gens, de par le monde. Enseigner notre métier c'est stimuler et être stimulé. Rencontrer des collègues et s'épanouir en expérimentant et en apprenant les uns des autres. Les fleurs et la nature constituent un lien universel. Tous ceux qui s'occupent de fleurs vivent cela de leur propre manière intense et là où les âmes florales se rencontrent, il se crée des contacts et des amitiés chaleureux, enrichissants et pleins de joie.

Avec ce livre j'espère une nouvelle fois rendre heureux d'innombrables amoureux des fleurs et de leur offrir bien des plaisirs des sens. J'ai fait pénétrer la nature à l'intérieur, mais – qui sait ? – la vue de ces matériaux naturels incitera peut-être le spectateur à ressortir pour s'imbiber de l'énergie salubre de la nature.

The field of Heracleum had to make way for our new garden.
Out of respect for the growing force of this giant among plants,
I have created a magic table for King Heracleum and Queen Umbellifera.

Het Heracleumveld moest plaats ruimen voor onze nieuwe tuin.
Uit respect voor de groeikracht van deze plantaardige reus
maakte ik een sprookjestafel voor koning Heracleum en koningin Umbellifera.

Le champ de berces a dû céder la place à notre nouveau jardin.
Par respect pour ce géant végétal j'ai composé une table féerique
pour le roi Héraclès et la reine Umbellifera.

Daucus, Helichrysum bracteatum, Heracleum, Hydrangea, Nerine

In this piece, I have emphasized the unexpected charm of everyday objects. A simple brush is turned upside down and used as a basis for a playful table decoration with red Persian buttercups.

De onverwachtse charme van alledaagse gebruiksvoorwerpen in de verf gezet. Een eenvoudige borstel wordt omgekeerd en gebruikt als basis voor een speelse tafeldecoratie met rode ranonkels.

Le charme inattendu d'objets de tous les jours est mis en évidence. Une simple brosse est retournée et utilisée comme base pour une décoration de table enjouée avec des renoncules rouges.

Anthurium 'Black Queen Antique', Ranunculus asiaticus (hybrid), Skimmia confusa 'Kew Green'

Aristolochia, Brassica napobrassica, Primula belarina, Viola

The quirky texture of rough winter tubers is emphasised
by setting them off against delicate spring flowers.

*De interessante textuur van de ruwe winterse knollen wordt
benadrukt door het contrast met de frêle voorjaarsbloemetjes.*

La texture intéressante des ces tubercules hivernaux rugueux
est accentuée par le contraste avec les fragiles petites
fleurs printanières.

Heracleum

A plant curtain of light made from light discs of Heracleum stalk.

Een plantaardig lichtgordijn uit lichte schijfjes Heracleumstengel.

Un rideau lumineux végétal composé de légères tranches
de tiges de berces.

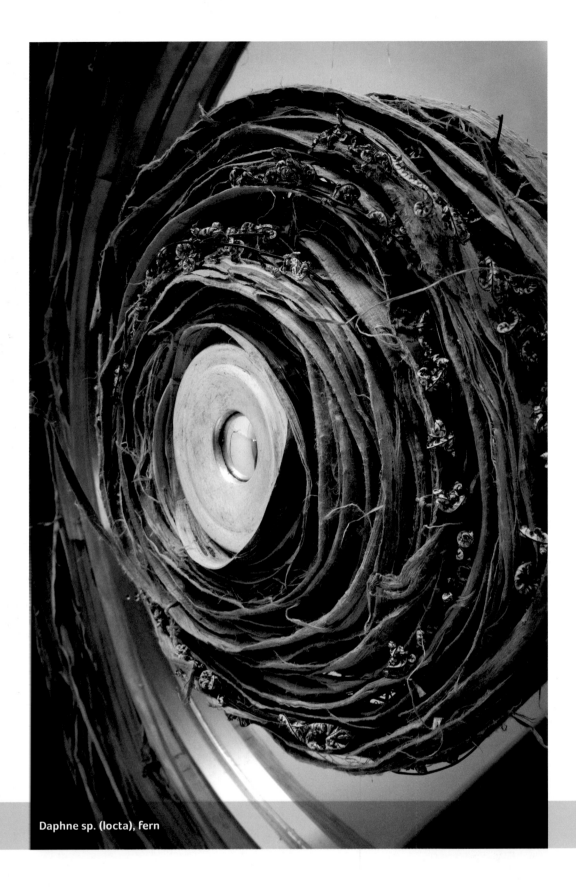

Daphne sp. (locta), fern

Winter is a time for self-reflection. Circles of rough locta are wound around a large mirror whilst placed on the inside, very symbolically, is a spherical Venetian mirror.

Winter is een tijd voor zelfreflectie. Cirkels van ruwe locta omvatten een grote spiegel, met binnenin, heel symbolisch, een bol venetiaans spiegeltje.

L'hiver est l'époque de l'autoréflexion. Les cercles de fougères brutes contiennent un grand miroir avec, l'intérieur – oh symbolisme ! – un petit miroir vénitien convexe.

The first light following dark winter days. White tulips in full glory, embraced by woven mats of Liriope.

Licht na donkere winterdagen. Witte tulpen in volle glorie, omarmd door gevlochten matjes van Liriope.

La lumière revient après les jours sombres. Des tulipes blanches dans toute leur splendeur, emmitouflées dans des nattes tressées de Liriope.

Liriope muscari, Tulipa 'White Liberstar'

Germini , Thunbergia

Fascinated by surplus wrapping material, I designed this dress out of cardboard.
A neutral backdrop against which the pretty Thunbergia and Germini can dazzle.

Gefascineerd door overtollig verpakkingsmateriaal ontwierp ik deze kartonnen jurk.
Een neutrale ondergrond waartegen de mooie Thunbergia en Germini kunnen schitteren.

Fascinée par les matériaux d'emballage superflus, j'ai créé cette robe en carton.
Une base neutre contre laquelle les belles Thunbergia et Germini peuvent briller.

Dress made of handmade paper with collar and skirt strips made from washed-up seaweed.

Jurk in handgeschept papier met kraag en rokstroken van aangespoeld zeewier.

Robe en papier à la main avec col et rubans jetés sur le rivage.

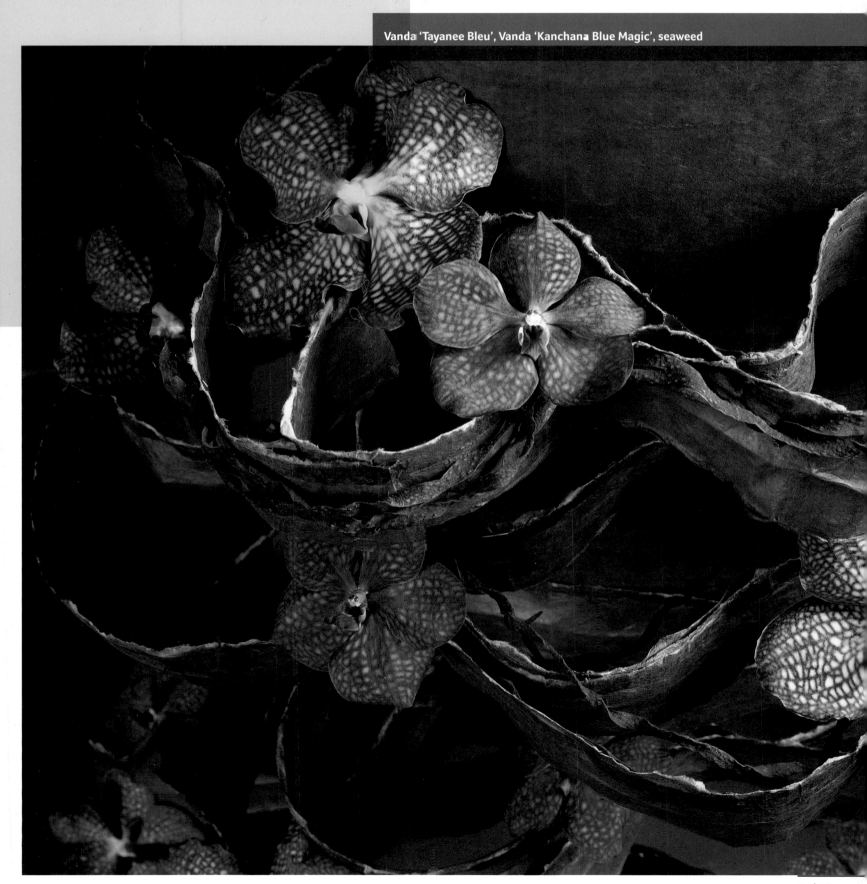

Vanda 'Tayanee Bleu', Vanda 'Kanchana Blue Magic', seaweed

Bromus sterilis, Sambucus, Vanda 'Tayanee White'

A fresh contrast between the raggedness of manipulated grasses and the concentric circular movement, accentuated by the soft white Vandas and elderberry blossoms.

Een fris contrast tussen de hoekigheid van de gemanipuleerde grasstengels en de concentrische cirkelbeweging, geaccentueerd door de zachte witte Vanda's en vlierbloesems.

Un contraste rafraîchissant entre l'aspect anguleux de l'herbe et les mouvements circulaires concentriques, accentué par les vandas d'un blanc doux et les fleurs de sureau.

Cut and folded triangular shapes underline the flexible
elegance of snowdrops

*Verknipte en gevouwen driehoekvormen benadrukken
de beweeglijk elegantie van de sneeuwklokjes*

Des formes triangulaires découpées et repliées
accentuent l'élégance tout en mouvement
des perce-neige

Galanthus nivalis, Oreopanax

Daphne sp. (locta), Lathyrus odoratus

Calystegia sepium, Dahlia, Ozothamnus, driftwood

Sandersonia, Typha, Zantedeschia

Bromus sterilis, Bryonia, Malus, Rubus fructicosus, Sandersonia, Trapaeolum majus

Slender garlands of bulrush around which the garden nasturtium makes its way up playfully.

Slanke slingervormen waarrond speels de klimmende capucientjes.

Des guirlandes élégantes qu'enlacent des capucines grimpantes enjouées.

Trapaeolum majus, Typha latifolia, Hay

The gigantic hollow marrow has been extended with a whirl of rough
locta, while the kiwi flowers, with their exceptional colour, add interest
in a subtle and stylish way.

*De gigantische holle kalebas nodigde uit tot het verlengen van de vorm met
een wervelende structuur van ruwe locta. Met hun uitzonderlijke kleur
vormen de kiwibloemen een subtiel en stijlvol accent.*

La gigantesque calebasse creuse m'a invitée à prolonger la forme avec
une structure virevoltante de locta brut. Grâce à leur couleur
exceptionnelle, les fleurs de kiwi créent un accent subtil plein de style.

Actinidia, Daphne sp. (locta), marrow

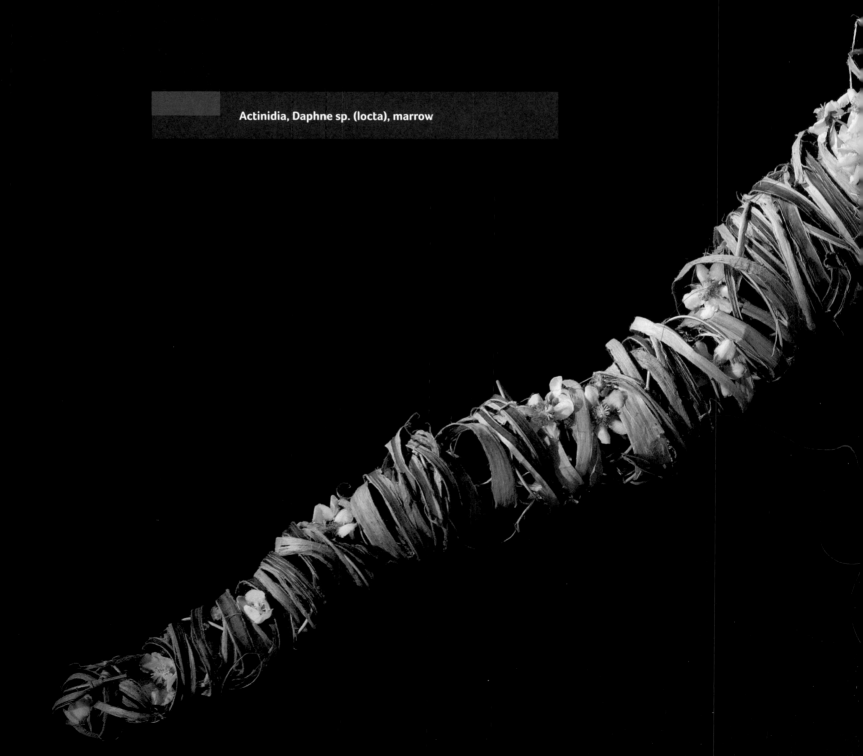

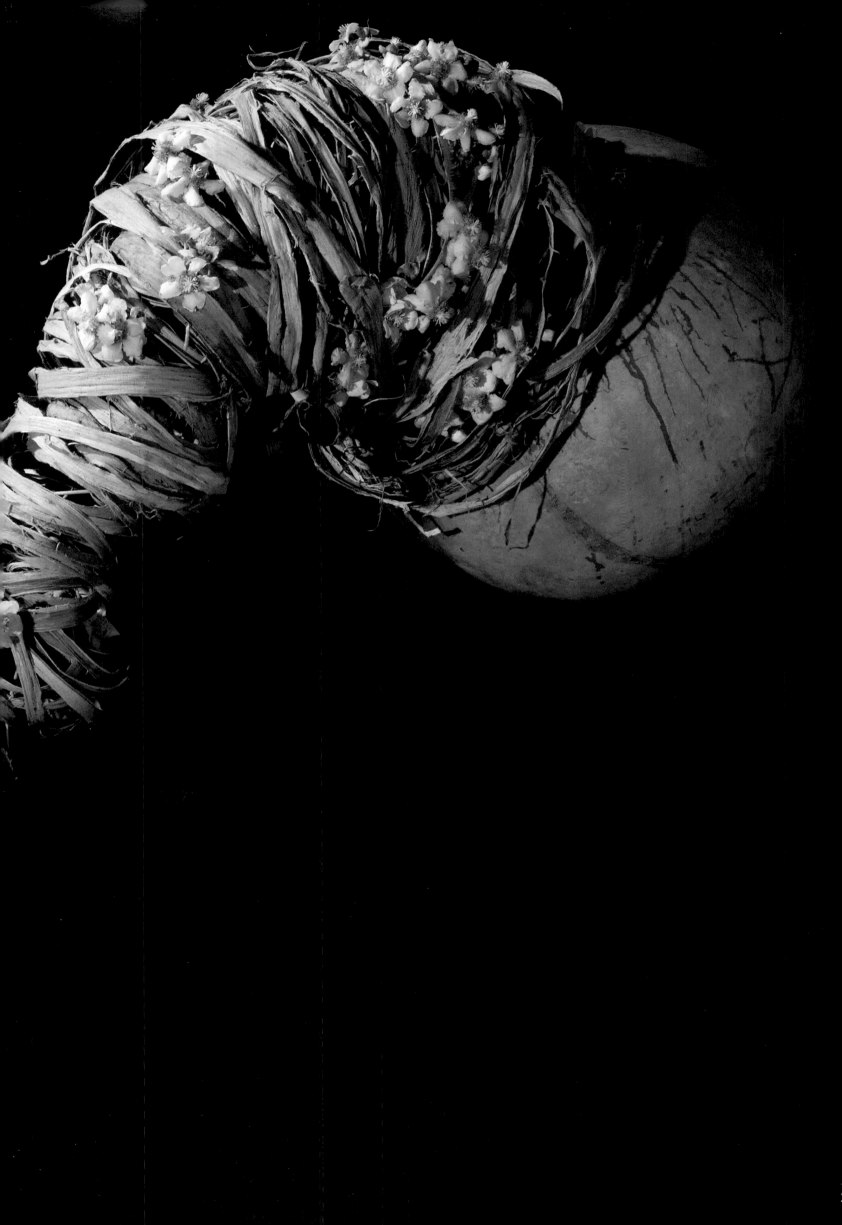

The texture of tiny squares of birch bark perfectly matches the colour and structure of the floor. A welcoming composition for those entering through the front door and an attractive eye-catcher as seen from the first floor.

De textuur van de berkenvierkantjes op de kubus is een perfecte match met de kleur en de structuur van de vloer. De compositie verwelkomt gasten in de hal, en is tegelijk een eye-catcher vanop de overloop.

La texture des petits carrés en écorce de bouleau sur le cube est en parfait accord avec la couleur et la structure du carrelage. Cette composition accueille les invités dans le hall et attire en même temps l'attention des passants à l'étage.

Betula, Ceropegia sandersoniae, Rosa 'Green Eye', Vanda 'Tayanee White'

Willow trimmings started to shoot in our old garden. Now, 15 years later, we cut the branches from the mature willows and thankfully use them to sculpt the artful structures for the new garden.

Wilgentakken van een voorjaarssnoeibeurt wortelden ongewild in onze oude tuin. Nu, 15 jaar later, knippen we de volwassen takken van de lange rij metershoge wilgen en maken er dankbaar sculpturen mee voor de nieuwe tuin.

Des branches de saule coupées commençaient à prendre racine dans notre vieux jardin. Aujourd'hui, 15 ans plus tard, nous coupons les branches d'une longue rangée de saules matures pour en faire des sculptures dans le nouveau jardin.

Salix

The sharp edges of the Protea and of the green leaf seem made for each other. Simplicity meets transparency.

De puntige vormen van de Protea en van het groene blad lijken haast voor elkaar gemaakt. Eenvoud en transparantie.

Les formes pointues de la protée et la feuille verte semblent être faites l'une pour l'autre. Simplicité et transparence.

Protea, Livistona rotundifolia

Heracleum, Stachys byzantina

Beauty in transience. Dried-up, curled-up Stachys leaves form a rhythmical canopy over the solemn Heracleum.

Schoonheid in vergankelijkheid. Opgedroogde, gekrulde Stachysblaadjes vormen een ritmische kraag voor de statige Heracleum.

La beauté dans la volatilité. De petites feuilles de stachys séchées et enroulées forment un collier rythmique pour l'imposante berce.

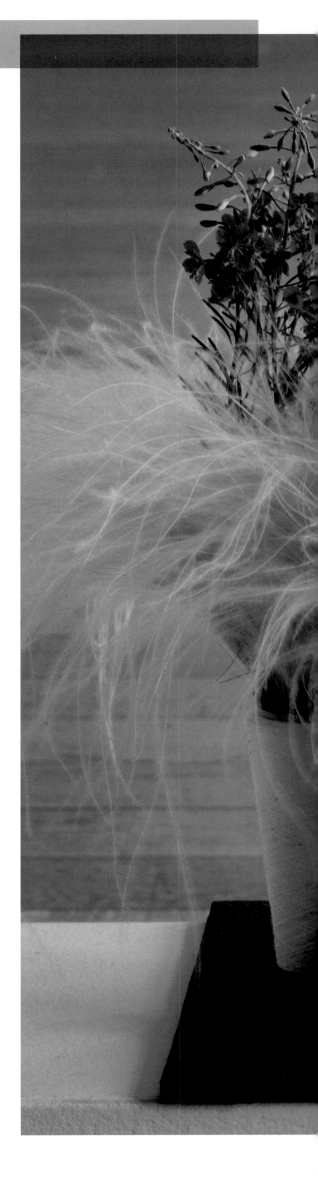

As I hail from a textile village myself, the bobbins evoke a sense of nostalgia when my dad and I, as a child, used to walk hand in hand through the textile factory. The rosebay dazzles, half concealed in a mist of grass.

Zelf afkomstig uit een textieldorp roepen bobijnen bij mij een nostalgisch gevoel op naar de tijd toen ik als kind aan de hand van mijn vader door de textielfabriek liep. De wilgenroosjes schitteren, half verscholen in een mist van gras.

Comme je suis issue d'un village de textile, les bobines font toujours naître en moi une sensation de nostalgie qui me rappellent les temps où je traversais l'usine de textile à la main de mon père. L'osier fleuri brille, à moitié enfoui dans un brouillard d'herbe.

Vases wrapped in Tibouchina leaf. Materials collected during a garden walk and spread across the creation in a very natural way.

Vaasje omwikkeld met Tibouchinablad. Materialen verzameld tijdens een tuinwandeling en heel natuurlijk over de creatie verdeeld.

Petit vase enveloppé dans une feuille de tibouchina. Des matériaux recueillis à l'occasion d'une promenade dans le jardin et répartis de manière très naturelle sur la création.

Bromus sterilis, Clematis, Convolvulus, Tibouchina (leaf)

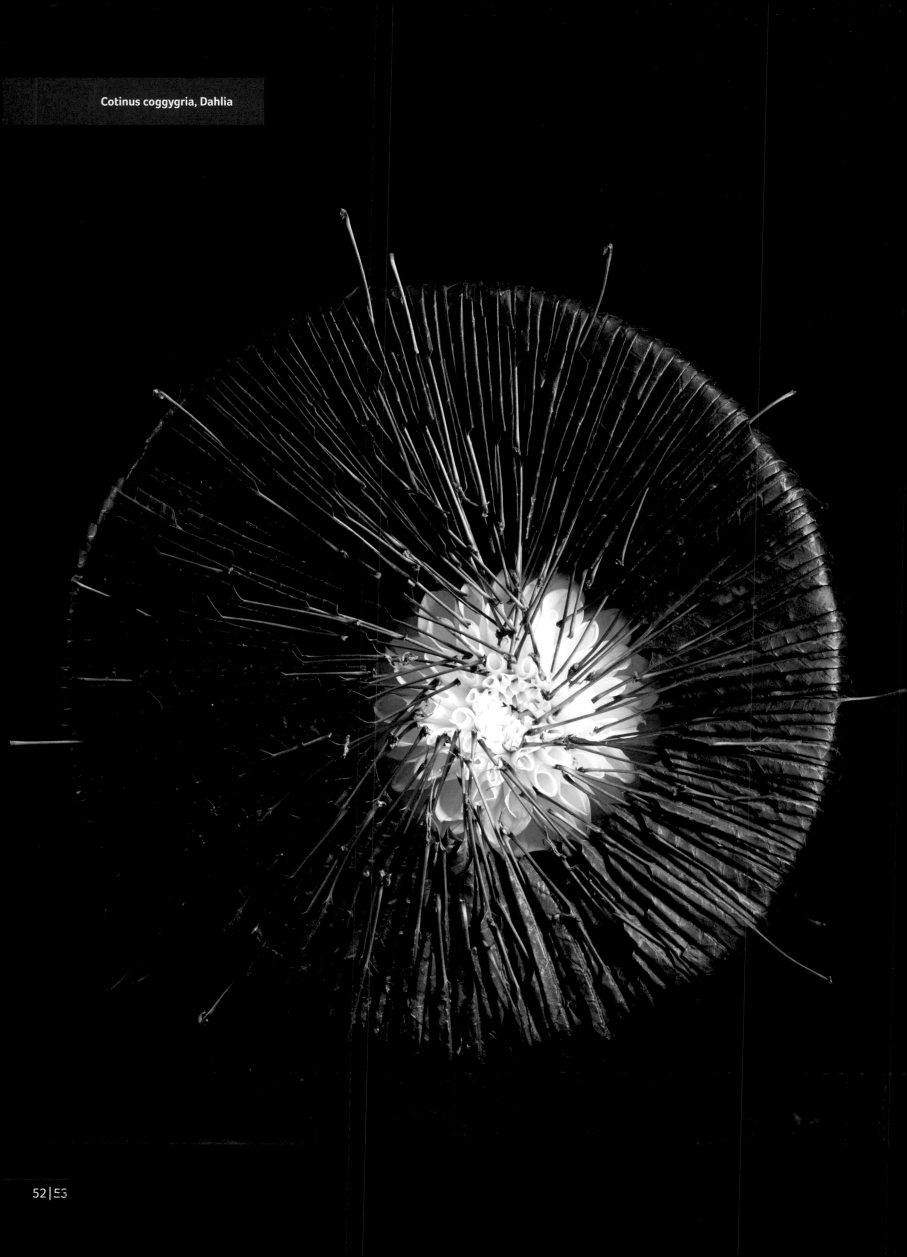

Paeonia, Phaseolus, paper

Everything fuses into one, with boundaries fading. Round shapes and curved lines dominate the piece: the jagged-edge china cup, the torn paper and the peonies.

Alles vergroeit, grenzen vervagen. Ronde vormen en gebogen lijnen domineren, de porseleinen kom met onregelmatige rand, het gescheurde papier en het bloemblad van de pioenen.

Tout se déforme, les frontières s'estompent. Les formes arrondies et les lignes courbes prédominent, la cuvette en porcelaine au bord irrégulier, le papier déchiré et le pétale de pivoine.

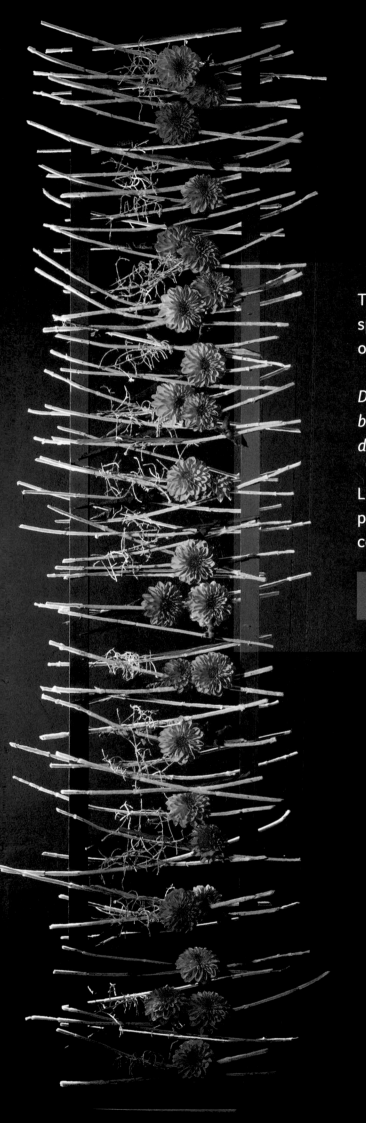

The rhythmical structure of soft Stachys stalks carries the special Dahlias. Strips of coloured paper echo the shades of the flowers.

De ritmische structuur van zachte Stachysstengels draagt de bijzondere Dahlia's. Strookjes gekleurd papier herhalen de tinten van de bloemen.

La structure rythmique de ces douces tiges de stachys porte les dahlias bien spéciaux. Des bandelettes de papier coloré reflètent les tons des fleurs.

Calocephalus, Corylus maxima 'Purpurea', Dahlia, Stachys

Germini, Heuchera, Hydrangea, Physalis,
Rosa 'Lambada', Sorbus aucuparia, silk

Pebbles and washed-up rope, intertwined with beach grass roots, united in a china cup by flowers and leaves.

Keien en aangespoeld touw, verstrengeld in wortels van duingras, door bloem en blad verenigd in de porseleinen kom.

Des cailloux et une corde jetée sur le rivage, entremêlée dans des racines d'oyat, réunis par la fleur et la feuille dans la cuvette en porcelaine.

Bromus sterilis, Cotinus coggygria, Lunaria biennis, Punica granatum, Rosa 'Caramel Antique'

The horizontal rhythm of the torn strips of textile and grasses contrast with the full round flower shapes of the caramel roses.

Het horizontale ritme van de gescheurde stroken textiel en de grassen contrasteert met de volle ronde bloemvormen van de caramelrozen.

Le rythme horizontal des bandes de textile déchirées et de l'herbe contraste avec les formes rouges et pleines des roses caramélées.

Calystegia sepium, Ozothamnus, Paeonia, Populus

Nature is ready to relinquish its jewels to those who appreciate them. Wood packaging and wilted leaves showcase their fascinating textures and colour variations. This is set off by the freshness of the full peonies and light cup-and-saucer vine.

De natuur geeft haar juwelen prijs aan wie er oog voor heeft.
Het verpakkingshout en het vergane blad tonen hun boeiende texturen
en kleurvariaties. Daar tegenover staat de frisse helderheid van de
volle pioenen en de lichte klokwinde.

La nature dévoile ses bijoux à ceux qui veulent bien les voir. Le bois d'emballage et la feuille fanée exhibent leurs passionnantes textures et variations de couleurs. Ils font face à la clarté rafraîchissante des pivoines pleins et le léger Ozothamnus.

Amaryllis, Eucharis grandiflora, Tillandsia xerographica

Agapanthus, Aristolochia, Calystegia sepium,
Paeonia 'Duchesse de Nemours'

Phyllostachys (leaf), Typha latifolia, Zantedeschia

Daphne sp. (locta), Rosa 'Piano'

Anthurium 'Maxima Elegance', Betula, Rosa 'Grand Prix', Rosa 'Vendella'

When clearing our vegetable patch that was overgrown with bramble bushes, the fence was burnt in the process. When picking through the remnants, I found this half-burnt and cracked fence post. Its interesting structure prompted me to create this summery flower column.

Bij het opruimen van onze door bramen overwoekerde moestuin werd de omheining mee verbrand. Nadien vond ik deze halfgeblakerde en opengebarsten hekstijl terug. De interessante textuur zette me aan tot het maken van deze zomerse bloemenzuil.

En remettant de l'ordre dans notre jardin potager envahi par la mûre sauvage, nous avons également brûlé la clôture. Par la suite j'ai retrouvé cet encadrement noirci et brisé. L'intéressante texture m'a incitée à réaliser ce socle de fleurs estival.

Clematis, Cotinus coggygria, Crambe maritima, Lonicera, Rosa 'Magic Pepita', Sambucus, Typha latifolia

Water cress mats, roots

Inspired by the different textures of watercress mats, I made a wall decoration of timber blocks and cress mats. The straight lines are playfully interrupted by weed roots, brought back from the garden after weeding.

Geïnspireerd door de verschillende texturen van waterkersmatjes maakte ik een wanddecoratie van houtblokjes en cressonmatjes. De strakke lijnen speels doorbroken met onkruidwortels, meegebracht uit de tuin na het wieden.

Inspirée par les différentes textures des nattes de cresson, j'ai réalisé une décoration murale de bouts de bois et de nattes de cresson. Les lignes sont interrompues de manière enjouée par des racines de mauvaises herbes, arrachées dans le jardin.

Intimate winter composition, focusing on contrasting colors and textures. Skeletonized, lacy Physalis around silky smooth pearls. A black and white column made of rough paper as a counterbalance.

Intieme wintercompositie met de nadruk op contrast in kleur en textuur. Geskeleteerde, kantachtige Physalis rond zijdeglanzende parels. Een zwart-witte zuil van ruw gescheurd en verkleefd papier als tegengewicht.

Composition d'hiver intime dans laquelle les contrastes entre couleurs et textures sont accentuées. Physalis squelettisé autour de perles soyeuses. Une colonne en noir et blanc faite de papier déchiré et collé forme un contrepoids.

Physalis alkekengi (skeletonized)

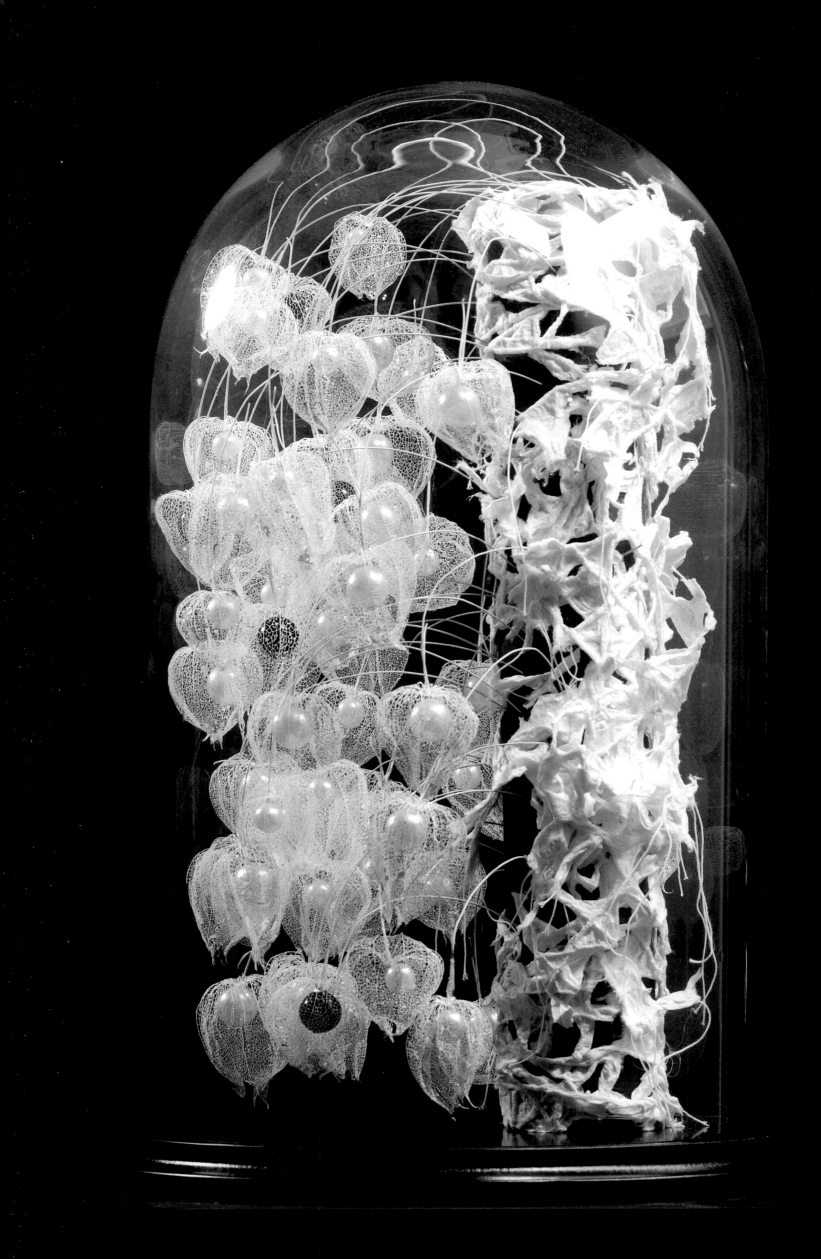

Lathyrus odoratus

Brassica, Clematis tangutica, Cobea scandens,
Hydrangea, Raph a faranifera, Vanda 'Tayanee White'

Anethum graveolens, Clematis tangutica,
Cytisus scoparius (seed pods), Zantedeschia

Anemone pulsatilla, Aristolochia, Chrysanthemum

Welcoming or waving goodbye? A simple, yet warm
gesture with Pandanus leaves.

*Uitwuiven of verwelkomen? Een eenvoudig en hartelijk
gebaar met Pandanusbladeren.*

Des adieux ou un accueil ? Un geste simple et chaleureux
avec des feuilles de pandanus.

Pandanus leaf

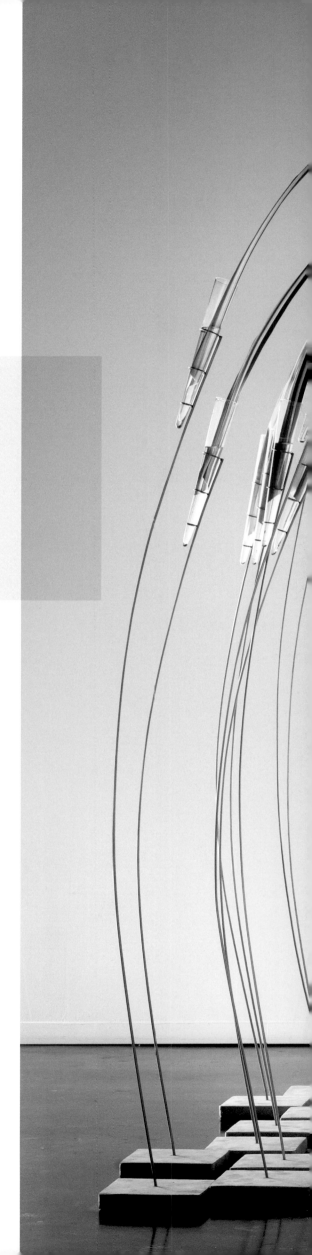

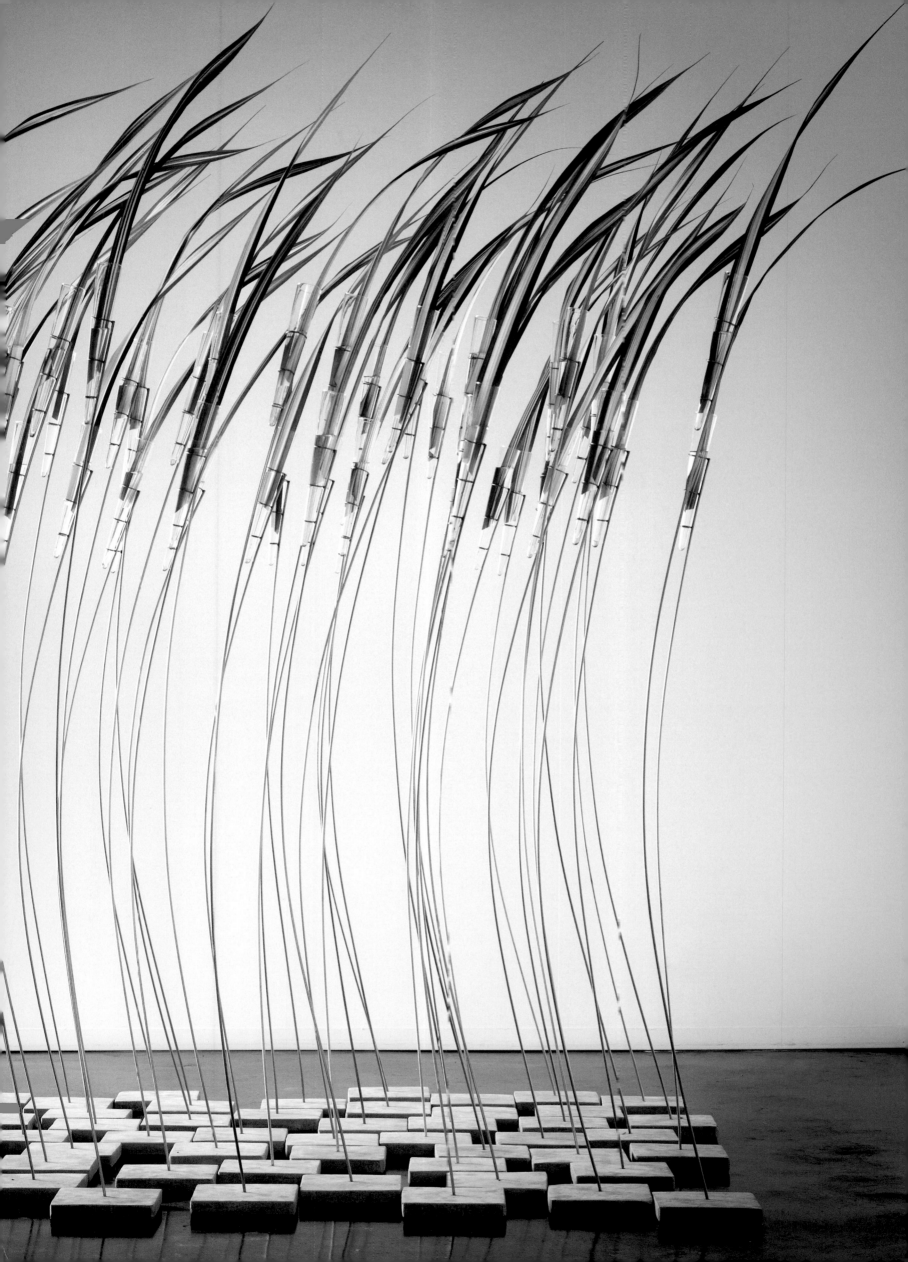

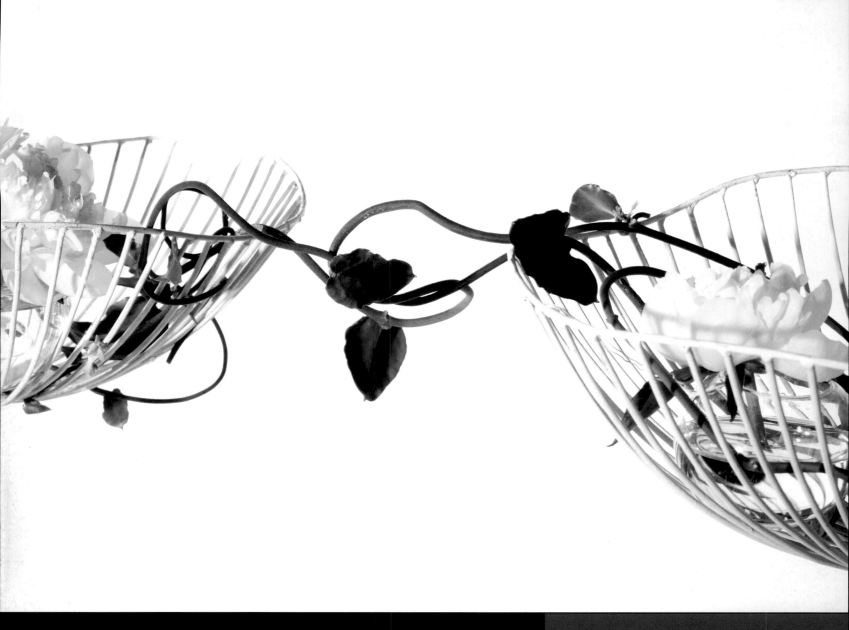

Ceropegia, Paeonia 'Duchesse de Nemours'

A cheerful hanging creation... which is, at the same time, a
play on Michelangelo's 'Creation of Adam'.

Transparent and light. Peeled twigs of the Chinese willow and contrasting, seemingly floating Vandas.

Transparant en licht. Gepelde takken van de krulwilg en contrasterende, schijnbaar zwevende Vanda's.

Transparence et légèreté. Des branches épluchées du saule tortueux en contraste avec des Vandas qui semblent flotter dans l'air.

Salix matsudana 'Tortuosa' , Vanda 'Kanchana Blue Magic', Vanda 'Nitaya Royal Blue'

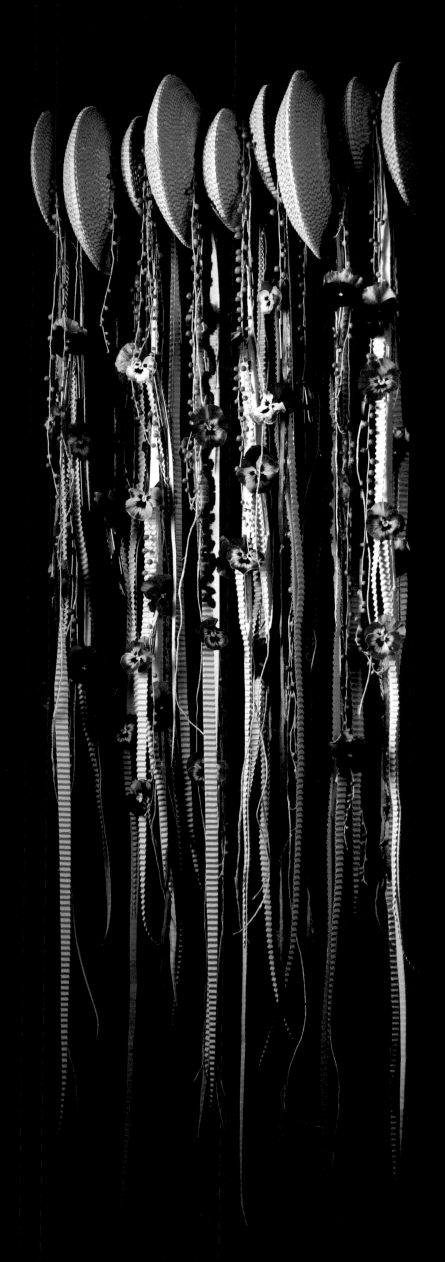

An intriguing mobile of discs made of recycled cardboard with long vines of Senecio and sweet pansies.

Een intrigerende mobile van schijven gerecycleerd karton met lange ranken Senecio en lieflijke viooltjes.

Un mobile intrigant de tranches de carton recyclé, de longues vrilles de séneçon et d'adorables violettes.

Helleborus niger, orchid roots, Populus alba, Stachys

Remnants of cardboard packaging are, together with the Stachys leaf, glued onto the spherical vase. A construction of white poplar and dry orchid roots echoes the lines on the vase and supports the bright Helleborus flowers.

Restjes van inpakkarton zijn samen met Stachysblad verkleefd op de bolvaas. Een constructie van witte abeel en droge orchideewortels volgt het lijnenspel op de vaas en ondersteunt de heldere Helleborusbloemen.

Des restants de carton d'emballage ont été collés avec une feuille de Stachys sur le vase sphérique. Une construction de peuplier blanc et de racines d'orchidée sèches suit le jeu des lignes du vase et forme un soutien pour les fleurs d'hellébore claires.

Ceropegia, Pisum sativum (dried),
Vanda 'Tayanee White', Viburnum opulus

Triangles in plant material, wedged in a triangular base. The triangle is a recurring theme in my work.

Driehoeken in plantaardig materiaal ingepast in een driehoekige basisvorm. De driehoek is een regelmatig terugkerend element in mijn werk.

Des triangles de matériaux végétaux insérés dans une forme de base triangulaire. Le triangle est un élément qui revient souvent dans mes travaux.

Alocasia, Calocephalus,
Lilium longiflorum, Populus alba

Moniek Vanden Berghe

Education:	Painting, ceramics and sculpture, Eeklo | Floristry at IMOV, Ghent
1988	Opening of the flower shop 'Cleome'
1988-1995	Teacher at the Florademie, Sint-Truiden
	Lecturer at several institutions for technical education
	Demonstrations bridal floristry in Belgium and the Netherlands
1991	Start collaboration Serax
1993	Participation in the book 'Meesters van de Bloemsierkunst', Stichting Kunstboek
1996	Participation in the book 'Florale Meesterwerken' Stichting Kunstboek
1998	Demonstrations and master classes in bridal floristry and table arrangements in Osaka, Takamatsu, Kochi
1999	Team member of Fleur Creatief (until now)
2000	Exhibition at the Ghent Floralies (also in 2005 and 2010) and at the Design Museum, Ghent
2001	Demonstrations in Scotland | Series of workshops and demonstrations in Flanders, Brabant and Wallonia (Flo Art, yearly event, still continued)
2003	Lessons and demonstrations in France: Formafleur, Piverdie, Rungis (Paris)
2004	Group exhibition Goodart
	Participated in Trend-house, Horti Fair, Amsterdam
2005	Publication of the book 'Flowers in Love', Stichting Kunstboek
	Demonstrations in Lyon, Lille and Rouen.
	Exhibition of works at Bloemschikhappening, Alden Biezen (continued yearly)
	Works published in the 'International Annual of Floral Art 05/06', Stichting Kunstboek
2006	Workshops Lyon (Vienne, Formafleur), Angers and Paris
	Presentation at AIFD Symposium, Washington DC
	Works published in the 'International Annual of Floral Art 06/07', Stichting Kunstboek
	Hosted several international workshops at 'Cleome'
2007	Workshops in Wales, Northern Ireland, Vienne and Vihiers (France), Seoul (South Korea)
	Publication of 'Flowers in Love 2', Stichting Kunstboek
2008	Interflora demonstration tour in Australia and workshops in Chicago, Philadelphia and Helsinki
	Publication of 'Flowers in Tears', Stichting Kunstboek
	Demonstrations East Grinstead, UK
	Teacher at the 'Green Academy', Belgium
2009	Workshop, lessons and demonstrations in Mexico, Los Angeles, Scotland, Belgium and Greece (Interflora)
2010	Publication of 'Flowers in Love 3', Stichting Kunstboek
	Workshop in Vihiers, France
	Start of 'Florademy' in collaboration with Marc Derudder, Tomas De Bruyne, An Theunynck, Geert Pattyn and Herman Van Dionant
2011	Workshops in Sicily and the UK
	Demonstrations at Chicheley Hall, UK

Publications:	Fleur Magazine, Bloem en blad, Fleur Creatief (national and international), Point de Vue (FR), Weekend Knack, Trend & Inspiration, Florist (JP), Clip. Revista de la floristeria (ES), Symphorosa, De Pook, Nest, Fusion Flowers (UK), Flowers& (US), Flowers (RU), Flowers (LIBETbl) (RU), Floral Focus (NZ), Focal Point (UK), Flamingo (HU),...

Dear Moniek, although modesty will make you deny it, you are an icon in the world of floral art and certainly one of the leading ladies in our field of work. A strong passion for everything that lives and grows inspires you, a never ending love for flowers and their apparent beauty fuels your creativity. During our long and valued collaboration, you have shown me and the Fleur Creatief readers what it means to work and to speak from the heart. Sincere and without compromise. Thanks for allowing us to walk along your side during your never ending quest for beauty. Thanks for all magnificence you keep on delivering and sharing time and again.

Lieven Hemschoote,
Fleur Creatief

Twenty years ago our paths crossed. It was the start of a very fruitful collaboration. During that time you designed several lines of vases, flower stands and interior objects for Serax, next to that you decorated many of our exhibition booths, making them attractive and hospitable spaces. You were always there, no task too big or too small. No challenge that couldn't be overcome. Right from the start I appreciated your multifaceted talent, your playful and inspirational nature, your passion to share beauty. I still admire your unbridled creativity, your vision and your guts. With nature as your inexhaustible muse, you made creating beauty your life-long mission. Working with you is a source of pleasure and inspiration for me. It is still a delight to work and to grow with you.
You have developed into a renowned florist, designer and artist. Under your skilful fingers, twigs, leaves and flowers are modeled into delightful pieces of art, sometimes monumental, sometimes small and precious like miniatures. Now your first monograph sees the light, it's a fact that fulfills me with intense happiness. I feel that this festive moment is a good time to say thanks for our friendship, the never ending enthusiasm and your dedication to Serax.
I wish you nothing but the best for the future and whatever projects, travels, encounters and dreams it may bring.

Axel Van Den Bossche,
Serax nv

WORD OF THANKS

I would like to extend sincere thanks to all those who helped me bring this book about:

The photographers: Kurt, for the jolly partnership, top-notch photos and the friendship;
Kris, it's a delight to see you develop in this way, with great appreciation for your work; and all the other fantastic staff at PSG: Peter, Geert, Micha,...

Ward, for everything I have learnt from you to this day, and because, despite our opposite natures, you are always behind me.

My parents: my dear mum for passing on your big passion for flowers and plants; great dad for your humour and highly valued concern.

Also thanks to Ward's big and warm family. You are a huge support.

Stichting Kunstboek: Jaak, Karel and Katrien, for the dedicated care for all editions.

Serax, for 20 years of stimulating and challenging collaboration and dynamic interaction.

Rekad, for all the lovely projects we have embarked on together.

An, for your support and commitment to the flower world.

All the lovely colleagues with whom I work together. I enjoy your personal approach .

Yukako, my dreamed-of right-hand

My motivated and enthusiastic assistants: Claire, Haruko, Trees, Bart, Ferras, Élise, Marie-Laure, Hilde, Sandy and Ann.

Thank you, lovely friends, who have enriched my life:
Annie, Sylvain, Annemarie, Geert, Ivan, Marc, An, Ann, Jos, Yves, Christophe, Rita, Bruno, Trees, Eric, Frank, Isolde, An, Philip, Aline, Patrick, Marc, Herman, Dominique, Kris, Sabine, Hugo, Catherine, Paul, Lieve, Johan, Henri, Piet, Benny, Pieter, Julie, Lieve, Haruko, Marc, Isabel, Gregory, Neill, Mark, Dennis, Annita, Irène, Mie, Piet, Martine, Marie-Ange, Piet, Marc, Hugo, Rita, Alison, Denis, Hugo, Lieve, Pieter, Julie, Lois, Diane, Ellen, Veronica, Steef, Sylvia, Kurt, Caroline, Kris, Taki, Sandy, Ann, Tomas, Kaat, Marc, Mieke, Frans, Claudine, Katrien, Bertilia, Mit, Chris, Chris, Kris, Claire, Adrien, Claudy, Paul, Bart, Wendy, Marc, Isabel, Maggie, Claude, Marie, Nino, Chantal, Florence, Lucie, Marc, Greet, William, Ria, Dirk, Katrien, Edith, Gabriel, Yina, Aline, Norbert, Carl, Martine, Cheryl, David, Rich, Bruce, Ricardo, Annick, Joris, Christy, Sook, Janneke, Wim, Steven and Ellen.

My teacher Marc Derudder.

Also a big thanks to:
Serax, for the location and products. Axel and
Serge Vanden Bossche, Frank Lambert, Marc Lust,
Alexander De Boutte and the whole team.
Oasis, for the support, interest and cooperation.
Flo Art, Chris Martens, Jan Joris and Els Carruso
Hugo Hendriks for years of happy collaboration,
with admiration for your unremitting energy
Rekad Publishers and the Hemschoote family,
especially Lieven, for all the fascinating Fleur
Creatief years.
Godshuis (Sint-Laureins) for the location, with special
thanks to Bjorn Mervilde and Kristof Musschoot
Jouni Seppänen, for the lovely paper
Avalane, Wim Ghyselen
Mr and Mrs De Grande
Mrs Griet Nuytinck
Mr and Mrs Geert and Karen De Vlaemynck
Mrs Chris Huysman
Mr and Mrs Raemdonck
Mr and Mrs D'havé

Mrs and Mr Regniers
Goedele Vanhille and her charming timeless ceramics
Anco, Steef van Adrichem, always on the look-out
for the next, dazzlingly beautiful Vanda
Wim and Diana Van Campen for their most
amazing array of beautiful Agora roses.
The families Landuyt, De Vlaemynck, Boone, Bonne
and Moens.

**And the countless flower wholesalers who, with
their fantastic service and excellent quality,
support us in our work:**
Euroflor, for the warm reception in the
family business
Agora, with its energetic policy, their ever-friendly
reception and their superb exclusive roses.
Floristencenter, a dynamic family of florists
De Rijcke, for the contemporary and exciting supply
Jet Vermeire, second to none.

Creations/Créations/Creaties
Moniek Vanden Berghe
Eeksken 109
9920 Lovendegem
Tel. +32 477 68 52 77
cleome@telenet.be
www.cleome.be

Photography/Photographies/Fotografie
Kurt Dekeyzer, Kris Dmitriadis
Photo Studio Graphics
Kuringersteenweg 304/3
3511 Kuringen
Tel. +32 11 22 09 95
info@psg.be

© Rekad: p10-11, p16-17,
p18-19, p24-25, p55
© Marc Lahousse: p93

Text/Textes/Tekst
Moniek Vanden Berghe

Final editing/Rédaction finale/Eindredactie
Katrien Van Moerbeke

Translation/Traduction/Vertaling
Taal-Ad-Visie, Brugge

Lay-out/Mise en pages/Vormgeving
Group Van Damme, Oostkamp (B)

Print/Impression/Druk
PurePrint, Oostkamp (B)

Published by/Une édition de/Een uitgave van
Stichting Kunstboek bvba
Legeweg 165
B-8020 Oostkamp
Tel. +32 50 46 19 10
Fax. +32 50 46 19 18
info@stichtingkunstboek.com
www.stichtingkunstboek.com

ISBN 978-90-5856-340-8
D/2011/6407/13
NUR 421